• Lucienne Erville - N

le chat Follet
sur la patinoire

casterman

L'hiver est là. Puick, le petit chien aux longues oreilles, annonce une grande nouvelle à son ami le chat Follet :

— Joseph le jardinier dit qu'il va geler. Dans trois jours, l'eau de l'étang deviendra si dure qu'on pourra marcher dessus !

Joseph met ses nombreux pots de fleurs à l'abri dans sa cabane. Il y transporte aussi la niche de Puick et le panier de Follet.

— Ici, tu seras mieux qu'au jardin, dit-il à Puick, et tu auras un compagnon.

Puick et Follet gambadent de joie à l'idée de vivre ensemble, sans jamais se quitter.

Il gèle, comme Joseph l'a prévu. Les deux premiers jours, Puick et Follet, dans la cabane, inventent des jeux nouveaux, vont et viennent, mangent de bon appétit...

La nuit, ils rêvent qu'ils volent au-dessus de l'eau. « Marcher, ça doit être rudement plus difficile », songe Follet à son réveil.

Le troisième jour, Puick en a assez de rester à l'intérieur.

Il ne tient plus en place : « Il faut que j'aille voir
l'étang. »

Follet fait la sourde oreille.

Alors Puick se hasarde dans la cour...
mais revient précipitamment en
grognant, indigné :

— Le gel, ça pique et ça mord,
et pourtant on ne le voit pas!

À la fenêtre de la cabane, Follet guette le moindre signe de vie au-dehors. Rien ne bouge.

— Regarde les arbres, Puick. Les pauvres, ils sont tout nus, tout raides et blancs de givre. Si nous sortons, nous deviendrons aussi raides que les arbres...

Et les deux amis restent là, inquiets, quand soudain un grincement leur fait dresser les oreilles. C'est la brouette du jardinier.

Joseph pousse la porte et s'écrie gaiement :

— Follet, Puick, ça y est, l'étang est gelé ! En route !

Toutes les peurs se sont envolées : avec Joseph, rien de mal ne peut arriver.

Follet et Puick se sentent soulever doucement par la peau du cou, et ils atterrissent dans la brouette au milieu des feuilles sèches : un nid de feuilles, rien de tel pour tenir chaud... et amortir les secousses !

— En voilà deux qui ont de la chance, nasillent les canards.

Tirée par Joseph, la brouette traverse le jardin cahin-caha, en direction de l'étang.

Pas la plus petite fleur dans les parterres, plus la moindre feuille sur l'arbre Pommier qui portait de si belles pommes rouges en automne...

Tout à coup, un rayon de soleil perce les nuages et le jardin est transformé. Le givre des arbres étincelle, les brins d'herbe de la pelouse ressemblent à des vers luisants.

La brouette s'arrête au bord de l'étang.

— Terminus, tout le monde descend ! crie Joseph qui s'amuse autant que ses petits amis.

Puick et Follet regardent, stupéfaits, la couleur blanchâtre de l'étang. « On a sûrement versé du lait dedans... », se dit Follet, et il se promet d'y goûter.

Deux merles et une famille de moineaux sautillent sur la surface

gelée. De toutes ses forces Joseph lance une pierre vers le milieu de l'étang. Elle dessine une grande courbe dans l'air. Merles et moineaux s'envolent. La pierre retombe sur la glace, rebondit deux ou trois fois, puis s'immobilise :

— Parfait ! La couche est solide. Allez-y !

Follet prend son élan, mais à peine sur la glace il dérape et se retrouve sur le dos. Brr! Que c'est froid, la glace!

A petits pas prudents, Puick réussit à rejoindre Follet. Il le remet sur pied, le console de son mieux. Le chaton, un peu étourdi, se donne un coup de langue par-ci, un coup de langue par-là, et tout finit par s'arranger.

Follet et Puick, à deux, en se soutenant l'un l'autre, glissent sur la surface polie.

— C'est chouette, les glissades ! Pas vrai, Puick ?

— Formidable, répond Puick avec un jappement joyeux.

Attirés par le bruit, les chiens du voisinage — le vieux Médor, Zouzou le teckel et Plume la levrette — viennent jeter un coup d'œil par-dessus le mur.

— Voyez, Puick et Follet qui marchent sur l'étang !

La chatte de mademoiselle Sidonie pousse au premier rang ses trois chatons blancs.

— Si nous y allions, nous aussi? propose-t-elle.

— Oui, oui, allons-y! miaulent les trois chatons.

Et les sept compagnons sautent du mur, à la queue leu leu.

Follet et Puick se sentent très à l'aise à présent. Ils sont heureux de cette visite. Aussitôt les jeux s'organisent; on se bous- cule un peu, on tombe pêle-mêle, on s'amuse comme des fous!

— Si nous valsions sur la glace, propose Plume la levrette. Cela se fait beaucoup... Mais il faudrait de la musique.

— La musique ? C'est notre affaire, chantent en chœur les moineaux alignés sur une branche du vieux hêtre.

Et, tout joyeux, ils se mettent à pépier un air de valse...

Après la valse, la course! Médor est l'arbitre.

— Vous, les plus petits, mettez-vous ici, à dix pas du bord. Je vous donne un peu d'avance. Une, deux, trois, partez!

C'est Follet qui arrive le premier de l'autre côté de l'étang. Il a gagné! On l'entoure, on le félicite; tout le monde crie très fort. Quel vacarme!

Le soleil s'est retiré derrière un gros nuage, et soudain, il fait plus froid. Joseph a terminé la toilette du jardin. Avec les feuilles et les branches mortes, il a fait dans l'allée un tas

aussi haut que lui. Le temps de craquer une allumette... et les flammes jaillissent. Follet, Puick et leurs amis accourent pour admirer le feu. Les flammes dansent, hautes et claires, dans un concert de crépitements. Tout autour, la chaleur est bien agréable!

Le brasier, peu à peu, s'affaisse et s'éteint. Il faut se dire au revoir. Chacun s'en retourne chez soi, content... et affamé, car le sport, ça creuse!

http://www.casterman.com

ISBN 2-203-10563-1

Imprimé en Belgique par Casterman, s.a., Tournai. Dépôt légal: 1ᵉ sem.2000 ; D. 2000/0053/50.
Déposé au ministère de la justice, Paris (loi n° 49.956 du 16 juillet 1949 sur les publications destinées à la jeunesse).